GÉRARD DE NERVAL

EN VENTE CHEZ LE MÊME LIBRAIRE

—

CONFESSIONS

DE MARION DELORME

PAR EUGÈNE DE MIRECOURT

livraisons à 25 centimes, avec gravures.
fr. l'ouvrage complet par la poste.

———

Paris. — Typ. de Gaittet et Cie, rue Gît-le-Cœur, 7.

GÉRARD DE NERVAL

LES CONTEMPORAINS

GÉRARD DE NERVAL

PAR

EUGÈNE DE MIRECOURT

PARIS

GUSTAVE HAVARD, ÉDITEUR

BOULEVARD DE SÉBASTOPOL
rive gauche

L'Auteur et l'Éditeur se réservent tous droits de reproduction

1858

GÉRARD DE NERVAL

Si nous n'avions à ébaucher que de pâles et solennels visages comme celui du chef de l'école doctrinaire, des fronts chargés de remords comme le front de l'abbé de Lamennais, ou des silhouettes hargneuses comme celle de M. de Girardin, nous renoncerions à suspendre un cadre de plus dans cette galerie.

Les nuances sombres, les traits durs ou grimaçants, fatiguent l'œil.

Un peintre qui s'obstinerait à rester face à face avec la laideur tomberait inévitablement dans le spleen et voudrait briser palette et pinceaux.

Donc, nous allons choisir, pour reposer le public et pour nous reposer nous-même, une franche et loyale physionomie, sur laquelle, chose rare en ce bas monde, se reflètent à la fois la bonté, l'esprit, la finesse et la candeur. Nous esquisserons le portrait d'un de ces hommes heureux qui passent à côté du prosaïsme de notre époque sans le coudoyer et sans le voir, toujours bercés par l'idéal, toujours entraînés vers ces régions étincelantes de poésie et d'amour, où les tristes réalités de la vie s'effacent et où le doux mensonge du rêve commence.

Que le bourgeois aperçoive un de ces hommes-là, vous êtes sûr de l'entendre dire :

« C'est un fou ! »

Non, messieurs, non, c'est un sage !

Si l'esprit a des ailes et si parfois il vous est défendu de le suivre, ne vous imaginez pas qu'il s'égare. Vous ne connaissez ni le but ni la route, craignez d'accuser le voyageur. Quand un nuage cache le soleil, ne dites point que l'astre manque de lumière. C'est vous qui êtes dans l'ombre au-dessous du nuage; mais le soleil est au-dessus et brille toujours.

Gérard de Nerval est né, le 21 mai 1808,

dans une des rues qui avoisinent le Palais-Royal. Son père, ancien officier de l'Empire, existe encore à l'heure où nous écrivons ces lignes.

Gérard enfant connut à peine le baiser maternel.

Beaucoup des soldats de Napoléon emmenaient leurs femmes avec eux, ne craignant pas de les associer à cette maîtresse chérie, la Victoire, qui les accompagnait d'un bout de l'Europe à l'autre.

Élevé par un de ses oncles aux environs de Paris, dans les riantes campagnes d'Ermenonville, où l'herbier du vieux Jean-Jacques recueillit tant de trésors, l'enfant gagna en santé et en vigueur ce qu'il perdait en caresses.

On le laissait courir, comme un chevreau, dans les prés, sous les avenues des bois ou sur la rive verdoyante des lacs en miniature, alimentés par la Nonette et la Thève.

Revenant de l'une de ces courses et jouant, à la fin d'un beau jour d'avril, au seuil de la maison de son oncle, Gérard vit paraître un homme à la figure hâlée qui s'arrêta devant lui, jeta le manteau sous lequel se cachait son uniforme, et dit en lui ouvrant les bras :

— Me reconnais-tu?

— Oui, tu es mon père! dit l'enfant sans hésiter.

La nature a de ces révélations soudaines, le battement du cœur devance tous les discours. Gérard était âgé de dix huit mois au départ de ses parents ; il n'avait pu garder au fond de sa mémoire qu'une vague image des deux personnes qui s'étaient penchées sur son berceau.

— Et ma mère? balbutia-t-il, où est ma mère?

L'officier, sans répondre, l'étreignit plus fortement contre son cœur. Deux larmes descendaient le long de ses joues. Il montra le ciel à Gérard, qui comprit et pleura.

Sa mère était morte en Silésie d'une fièvre inflammatoire.

Condamné au repos par l'exil de l'Empereur à Sainte-Hélène, le soldat put s'occuper de l'éducation de son fils.

Un long séjour en Prusse, en Autriche et dans les provinces Danubiennes l'avait familiarisé avec la langue allemande. Il possédait même quelque teinture des langues orientales, et Gérard, moins de deux années après le retour de son père, était devenu polyglotte presque sans étude.

On l'envoya bientôt à Paris, au collége Charlemagne.

Il y obtint toujours les premières places en version et les dernières en thème, signe caractéristique d'un esprit supérieur.

La version veut du génie, le thème ne demande que de la patience. Il tâtonne et rétrograde, quand sa compagne audacieuse va de l'avant. Celle-ci est l'image du progrès; elle marche de conquêtes en conquêtes, tandis que le thème ne quitte jamais son ornière. La version fait les grands hommes, le thème fait les rois citoyens, les députés du centre et les bonnetiers.

Napoléon était fort en version, Louis-Philippe était fort en thème.

Gérard passait toutes ses vacances chez son oncle. Il invitait à danser les jeunes paysannes aux fêtes d'Ermenonville, sur une grande pelouse verte, encadrée d'ormes et de tilleuls [1].

Nous le laisserons un instant parler lui-même.

« J'étais, dit-il, le seul garçon dans

---

[1] Voir les scènes pittoresques racontées dans *Sylvie*. Cette nouvelle contient de précieux détails biographiques. Elle a été publiée, il y a six mois, par la *Revue des Deux-Mondes* avec le plus éclatant succès. On y trouve quelque chose de la mélancolie douce et mystérieuse des Mémoires de Gœthe. L'éditeur Giraud vient de la réunir aux autres nouvelles de l'auteur : *Angélique*, — *Jemmy*, — *Octavie*, — *Isis*, — *Émilie*, — *Corilla*, sept perles dans le même écrin. Ce volume, édition compacte, a pour titre les *Filles du Feu*. Le même éditeur a publié de Gérard de Nerval un recueil intitulé *Contes et Facéties*.

cette ronde, où j'avais amené ma compagne toute jeune encore, Sylvie, une petite fille du hameau voisin. Je n'aimais qu'elle, je ne voyais qu'elle jusque-là.

« Tout d'un coup, suivant les règles de la danse, une blonde, grande et belle, qu'on appelait Adrienne, se trouva placée seule avec moi au milieu du cercle. Nos tailles étaient pareilles. On nous dit de nous embrasser, et la danse et le chœur tournaient plus vivement que jamais.

« En lui donnant ce baiser, je ne pus m'empêcher de lui presser la main.

« Les longs anneaux roulés de ses cheveux d'or effleuraient mes joues. De ce moment, un trouble inconnu s'empara de moi. La belle devait chanter pour avoir le droit de rentrer dans la danse. On s'assit autour d'elle, et aussitôt, d'une voix fraîche et pénétrante, elle chanta une de ces anciennes romances pleines de mélancolie et d'amour, qui racontent les malheurs d'une princesse enfermée par la volonté d'un père.

« A mesure qu'elle chantait, l'ombre descendait des grands arbres, et le clair de lune naissant tombait sur elle seule, isolée de notre cercle attentif.

« Elle se tut, personne n'osa rompre le silence.

« La pelouse était couverte de faibles vapeurs condensées, qui déroulaient leurs blancs flocons sur les pointes des herbes. Nous pensions être en paradis.

« Je me levai enfin, courant au parterre du château, où se trouvaient des lauriers plantés dans de grands vases de faïence peints en camaïeu. Je rapportai deux branches qui furent tressées en couronne, et je posai sur la tête d'Adrienne cet ornement, dont les feuilles lustrées éclataient sur ses cheveux blonds aux rayons pâles de la lune.

« Elle ressemblait à la Béatrix du Dante qui sourit au poëte errant sur la lisière des saintes demeures.

« Adrienne se leva.

« Développant sa taille élancée, elle nous fit un salut gracieux et rentra au château.

« C'était, nous dit-on, la petite-fille de l'un des descendants d'une famille alliée aux anciens rois de France. Le sang des Valois coulait dans ses veines. Pour ce jour de fête on lui avait permis de se mêler à nos jeux. Le lendemain, elle repartit pour un couvent où elle était pensionnaire [1]. »

Cet épisode de la jeunesse de notre héros est authentique. La destinée de Gérard de Nerval s'y rattache étroitement.

Il reprit le chemin du collége Charlemagne, emportant dans son cœur la douce et rayonnante image de celle que nous continuerons de nommer Adrienne.

Il rêva d'amour sur les bancs d'une classe de philosophie, composant des vers en l'honneur de la blonde apparition des pelouses d'Ermenonville, étudiant la métaphysique dans ses souvenirs et la logique dans ses espérances.

[1] Les *Filles du Feu*, pages 134 et 135.

Toute sa science d'argumentation se réduisait à ceci :

Les vacances approchent; or elle doit revenir au château, donc je pourrai la revoir.

Hélas! Adrienne, cette année-là, n'eut point de vacances. Gérard sut qu'on la destinait à la vie religieuse. Elle devait prendre l'habit de novice à son couvent. Le jeune homme voyait s'envoler tous ses beaux rêves.

Il se réfugia dans l'étude pour échapper au désespoir.

Les poésies allemandes composaient alors presque toutes ses lectures; il lui vint à l'esprit de traduire le drame de *Faust*, moitié en prose, moitié en vers, et c'est encore aujourd'hui la traduction la plus estimée que nous ayons de l'œuvre de Gœthe.

Plus d'une fois le grand poëte lui-même en fit l'éloge.

Un soir, vers le milieu de l'année 1827, Gœthe, dînant avec Eckermann, feuilletait un livre ouvert à sa droite et parcourait çà et là quelques passages, en donnant des marques d'approbation très-vives.

— Que lisez-vous donc là, maître? demanda son hôte.

— Une traduction de mon *Faust*, en langue française, par Gérard de Nerval, répondit Gœthe.

— Ah! oui, je sais, fit Eckermann avec un ton légèrement dédaigneux; un jeune homme de dix-huit ans. Cela doit sentir le collége?

— Dix-huit ans ! s'écria Gœthe, vous dites que mon traducteur a dix-huit ans !

— Oui, maître. J'ai pris des informations ; le fait est exact.

— Eh bien, retenez ce que je vais vous dire, continua le poëte : cette traduction est un véritable prodige de style. Son auteur deviendra l'un des plus purs et des plus élégants écrivains de France.

— Croyez-vous ? dit Eckermann confondu.

— Si je le crois ! Vous n'avez donc pas lu ce livre ?

— J'avoue, maître, que l'âge du traducteur m'inspirait quelque défiance.

— Eh bien, vous avez eu tort. Je n'aime plus le *Faust* en allemand ; mais dans cette traduction française tout agit de nouveau avec fraîcheur et vivacité. Il me passe par la tête des idées d'orgueil, quand je pense que mon livre se fait valoir dans une langue sur laquelle Voltaire a régné il y a cinquante ans. Je vous le répète, ce jeune homme ira loin!

Certes, la plus éclatante louange ne vaut pas cette anecdote, et Gérard de Nerval a le droit d'en être fier.

Pourtant aucun de ceux qui le connaissent ne se souvient de la lui avoir entendu raconter.

L'auteur de la traduction de *Faust* et de tant de merveilleux ouvrages, dont la saine littérature s'enrichit chaque jour, est l'homme simple, l'homme modeste par excellence.

Il ne suit pas l'exemple du plus grand

nombre de nos écrivains, qui embouchent quotidiennement la trompette et sonnent des fanfares en leur propre honneur.

Doux comme un agneau, timide comme une jeune fille, Gérard ne parle jamais de lui-même. Il rougit quand on s'entretient de ses œuvres avec éloge ; il se croit le plus humble et le dernier des combattants dans cette grande arène des lettres, où tant de gens se posent en matamores, la tête en l'air, le regard audacieux et le poing sur la hanche.

Constamment recueilli dans sa pensée, trouvant toujours dans sa douce philosophie une consolation aux injustices et aux déboires, il ne se plaint de personne, il n'est jaloux de qui que ce soit.

Gérard sait que nous avons les littérateurs des jambes et les littérateurs de la tête.

Les premiers n'ont souvent publié qu'un seul article, qu'une seule pièce, qu'un seul livre, reproduit de vingt manières différentes et sous toutes les formes. Dégagés des pénibles préoccupations du travail, ne portant pour tout bagage qu'une vessie gonflée au souffle de l'orgueil, ils courent nécessairement plus vite que les autres et attrapent au vol croix et pensions.

Voilà pourquoi nous les appelons les littérateurs des jambes : que ce titre leur soit léger.

Quant aux littérateurs de la tête, c'est autre chose.

Ils pâlissent dans les veilles, laissent leurs jarrets inactifs, stimulent éternellement leur cerveau, restent en place, produisent beaucoup et n'obtiennent rien. C'est logique.

Les uns sont les frelons, les autres sont les abeilles.

Butinant çà et là, chaque jour, au milieu des plaines fleuries de l'imagination, Gérard apporte des richesses à la ruche et garnit les alvéoles du suc le plus pur. Il ne se pose jamais sur le souci de la politique, où l'on ne cueille que l'amertume. Plus qu'un autre il aurait droit à la récompense, et nous voyons les mouches paresseuses manger son miel.

Il en rit le premier.

Mais nous, qui sommes pour la justice, nous demandons qu'on chasse les frelons de la ruche et qu'on apprenne à ne plus confondre les littérateurs des jambes avec les littérateurs de la tête.

Continuons notre biographie.

Berlioz trouva les chœurs du *Faust* si brillants, qu'il demanda permission à Gérard de les mettre en musique.

Le jeune homme avait conquis de prime abord un rang distingué dans les lettres. On lui écrivit du *Mercure de France* pour obtenir de ses articles.

Ce journal était sous la direction du bibliophile Jacob, qui, à cette époque [1], couvrait de son haut patronage littéraire les Gautier, les Janin, les Dumas, et qui eut le bon goût d'accueillir le nouveau venu, sans trop l'humilier par l'éclat de sa gloire. Aujourd'hui, cette gloire

[1] 1828.

est éteinte. Les comètes s'en vont et les étoiles filent.

Gérard donna au *Mercure* d'autres traductions allemandes et des morceaux de poésie remarquables [1].

Il se lia très-intimement avec toute la bande des littérateurs insurgés contre l'école classique ; on lui fournit des armes pour se joindre à l'émeute.

Trois cercles littéraires s'ouvraient à cette jeunesse ardente : celui de Charles Nodier, celui de Béranger et celui de Victor Hugo. Chez le père de la *Fée aux miettes* on causait, chez l'auteur du *Dieu des bonnes gens* on chantait, mais dans le troisième cercle on rugissait.

[1] Avant la publication de Faust, il avait déjà fait imprimer deux volumes de vers, l'un intitulé *Souvenirs de nos Gloires*, et l'autre *Élégies nationales*.

Ce fut le plus fréquenté.

Le temps était à la guerre. On demandait à grands cris une bataille. Victor Hugo fut nommé généralissime.

Nous avons fait ailleurs l'histoire de cette grande mêlée, où l'on retrouva M. Viennet au nombre des morts, le crâne ouvert par une massue romantique.

Gérard profitait des suspensions d'armes pour glisser çà et là quelques pièces au théâtre. Il fit jouer une charmante petite comédie en trois actes, *Tartufe chez Molière*, et lut ensuite à l'Odéon le *Prince des sots*, autre comédie fort originale, que le comité de lecture reçut avec acclamations.

La pièce était en vers.

Harel, qui administrait ce théâtre, avait la poésie en haine profonde. Il se moqua de l'enthousiasme du comité, jeta le *Prince des sots* au fond d'un carton et l'y laissa gémir si longtemps, que Gérard, le plus doux et le moins processif des hommes, eut recours au papier timbré pour arracher sa pièce à une séquestration arbitraire.

Voyant une condamnation en perspective, Harel appela l'auteur et lui dit :

— Ma foi, mon cher, je vous croyais un garçon d'esprit.

— Ah! fit Gérard. Est-ce que vous changez d'opinion?

— Oui, si vous persistez à ne pas mieux entendre vos intérêts.

— Je les entends à merveille, ce me semble. Ma pièce est reçue depuis dix-huit mois. Tous les tribunaux vous condamneront à la jouer.

— Bon! j'attendais cette réponse. Insensé! double insensé que vous êtes! s'écria le directeur, joignant les mains d'un air désespéré. Si je joue votre pièce, vous êtes mort.

— Diable! fit Gérard.

— Je ne donnerais plus un sou de votre avenir.

— Mais pourquoi?

— Parce que votre première comédie a trois actes, parce que la seconde en a deux, parce qu'au lieu d'aller *crescendo* vous allez *degringolando*... Pardonnez-moi ce latin de cuisine; mais il rend parfaitement ma pensée. Vous marchez dans une fausse route, mon cher! Est-ce que les hommes de votre talent doivent offrir au public des pièces en deux actes? fi donc! Prenez la plume, mettez vous à l'œuvre, écrivez-moi cinq actes, cinq grands actes avec tableaux. Soyez de votre siècle et de votre école, que diable !

— Hum ! cinq actes, balbutia Gérard, c'est dur, pour moi surtout qui n'entends rien à la charpente.

— Allons donc ! Voulez-vous un sujet? Je vous en propose un superbe.

— Quel sujet ? demanda le jeune homme, qui commençait à tomber dans le piége.

— *Charles VI*, dit Harel, faites-moi sur l'heure un *Charles VI*. Époque délicieuse ! Le vieux Paris dans toute sa splendeur. Vive les Bourguignons ! à bas les d'Armagnac ! Tête-Dieu ! sang-Dieu ! damnation ! potence et mort ! enfer !.....

Et la grande figure d'Isabeau se dressant au-dessus de tout cela!... Hein? qu'en pensez-vous?

— Je pense que ce sera magnifique.

— A la bonne heure. Travaillez, apportez-moi le drame ; je le joue sur-le-champ avec l'élite de ma troupe.

Gérard sortit et se hâta de donner contre-ordre à son avoué et à son huissier.

C'était bien sur quoi comptait Harel.

Il prévoyait, en outre, que le jeune homme, dans son inexpérience et dans sa précipitation, allait accoucher de quelque œuvre impossible qui le dégagerait de sa parole.

Effectivement, Gérard, allumé outre mesure et organisant son travail sur des proportions gigantesques, ne fit qu'un bloc de toute l'histoire du règne, n'oublia pas le moindre événement, entassa personnages sur personnages, intrigue sur intrigue, et apporta au bout de six semaines une pièce monstre, qu'on aurait pu représenter peut-être, mais en y consacrant trois soirées successives.

L'art n'était pas encore arrivé à ce comble de progrès.

Gérard de Nerval avoua, en riant, qu'il avait construit une autre barque de Robinson, et qu'il était impossible de la mettre à flot[1].

---

[1] Depuis, à l'exception de l'*Alchimiste*, joué à la Renaissance, il n'a plus essayé de faire de drames. « Au milieu de ce chaos d'incidents dramatiques entassés, de nos jours, au théâtre, dit-il, je ne trouve pas mon *fiat lux*. » Pourtant, malgré son inexpérience de la scène, il n'a jamais été sifflé ; cela tient à son goût parfait. Rien n'accroche dans son style. Quoique appartenant à

Il revint à ses traductions favorites.

Au commencement de 1830, il publia un recueil complet des poëtes allemands et un choix très-étudié des œuvres de Ronsard. A la même époque, le *Cabinet de Lecture*, fondu aujourd'hui avec le *Voleur*, inséra de notre héros un conte comique du plus désopilant effet. Nous avons pu le relire en feuilletant les collections : il s'appelait la *Main de gloire*.

Quand la révolution de Juillet éclata, Gérard entrait dans sa vingt-deuxième année.

Nous ne le soupçonnons pas d'avoir pris le fusil pendant les Trois-Jours.

Seulement il mêla sa voix au chœur gé-

l'école romantique, Gérard de Nerval est classique par sa pureté.

néral entonné par le peuple victorieux, imitant ses confrères les poètes, qui firent alors pleuvoir sur Paris un déluge de strophes héroïques [1].

Pendant les quatre premières années de sa vie d'écrivain, le jeune homme déploya une activité de plume prodigieuse.

Ceux qui le fréquentaient à cette époque comprenaient que le travail était pour lui une distraction nécessaire. Essayait-il de se reposer un instant, de sombres rêveries assiégeaient son âme. Il pensait toujours à cette douce jeune fille, si svelte, si élancée, à cette blonde chanteuse du parc d'Ermenonville, ensevelie maintenant au fond d'un cloître.

[1] Il nous a été impossible de retrouver celles de Gérard, non plus que l'ode qu'il dédia aux Polonais, et que nous nous souvenons d'avoir lue au collége.

Sa majorité venait de le mettre en possession de la fortune de sa mère.

Hélas ! que lui importe la richesse ? Il ne peut l'offrir à celle qu'il aime. Adrienne a prononcé des vœux ; elle est à tout jamais perdue pour lui.

Un soir, au théâtre de l'Opéra-Comique, assis dans une stalle d'orchestre, le jeune homme regardait le spectacle avec indifférence, quand tout à coup il est saisi d'un brusque tressaillement.

En face de lui, sur la scène, une actrice paraît.

La figure de cette actrice, sa taille, ses longs cheveux dorés, sa démarche, tout lui rappelle Adrienne ; elle chante, c'est la voix de la jeune fille du parc.

— Oh! non, non! se dit Gérard, je suis le jouet d'un rêve!

Il se précipite hors du théâtre, la tête en feu, l'imagination en délire.

Au bout d'un quart d'heure, il rentre. Le même effet se produit, le visage d'Adrienne est devant ses yeux. Il profite d'un entr'acte, monte dans les coulisses, cherche la femme qui cause son trouble et l'aperçoit environnée de courtisans et d'adorateurs.

Gérard s'approche palpitant.

Plus il la contemple, plus il est frappé de cette ressemblance miraculeuse. Décidément ce n'est point un effet de la perspective, il lui est défendu de croire à une illusion de la rampe. C'est Adrienne, c'est elle-même!

La voyant sourire aux cajoleries et aux

fadeurs qu'on lui débite, il sent une sueur froide inonder ses tempes, ne lui adresse pas un mot et s'éloigne.

Le lendemain il se met à douter de nouveau.

Adrienne au théâtre, allons donc! Une petite fille des Valois, une noble enfant, élevée à l'ombre du sanctuaire, n'a pu de la sorte passer sans transition du cloître aux coulisses.

— Par le ciel! s'écrie-t-il, j'en aurai le cœur net!

Courant aux messageries, il prend la voiture de Senlis, et descend, trois ou quatre heures après, dans ce hameau témoin de ses jeux d'enfance.

Son vieil oncle est mort; il ne connaît

presque plus personne. C'est égal, il questionnera tout le monde...

A ses interrogations multipliées il n'obtient d'abord aucune réponse satisfaisante. Enfin, une paysanne de l'endroit, Sylvie, cette même jeune fille que jadis il a conduite au bal du château, à ce bal dont Adrienne était la reine, Sylvie, fatiguée d'entendre répéter toujours la même question « Qu'est devenue la religieuse ? » s'écrie sur un ton d'humeur :

— Ah ! vous êtes terrible avec votre religieuse. Eh bien... eh bien, cela a mal tourné !

Tous les efforts de Gérard pour obtenir d'autres éclaircissements sont inutiles.

Mais il est suffisamment instruit.

La réponse de la paysanne signifie

clairement qu'Adrienne n'est point religieuse. De commentaires en commentaires, le jeune homme en vient à conclure qu'elle s'est sauvée du cloître, qu'elle a rompu avec sa famille, avec le préjugé, et qu'enfin la jolie chanteuse du parc et la brillante diva de l'Opéra-Comique ne sont qu'une seule et même personne.

Il reprend la voiture et se trouve, à huit heures du soir, assis, comme la veille, dans une stalle d'orchestre.

— J'irai au foyer des artistes ; je lui parlerai, se dit Gérard.

Mais il revoit la belle cantatrice dans le même cercle d'adorateurs. Il sent son âme se fendre, des larmes lui viennent aux yeux ; il quitte le théâtre, aussi avancé que le soir précédent.

Le lendemain, il frappait à la porte d'Alexandre Dumas.

— Voulez-vous collaborer avec moi pour un opéra-comique? lui demanda-t-il à brûle-pourpoint.

— Un opéra-comique….. J'aimerais mieux un drame, répondit l'auteur de *Henri III*.

— Non, c'est un opéra-comique et pas autre chose que nous allons faire. Je vous apporte le sujet, le titre, et voici le plan : j'ai passé toute la nuit à l'écrire. Il me faut un superbe rôle de femme.

Dumas lui prit le cahier des mains.

— A merveille! je lirai, dit-il, j'examinerai… La *Reine de Saba*… Peste! un fameux titre! Ce soir, je dîne avec Meyerbeer; il nous fera la musique.

— Je veux un rôle de *prima donna* très-fort, insista Gérard.

— C'est convenu.

Sortant de chez Dumas, le jeune homme se dit :

— Voilà mon moyen trouvé. Rien de plus simple. Aux répétitions, il faudra bien que je lui parle.

Huit jours après, le libretto était entre les mains de Meyerbeer.

En attendant que l'illustre compositeur eût terminé son œuvre, Gérard passait toutes ses soirées à l'Opéra-Comique à contempler Adrienne, belle comme le jour aux feux de la rampe qui l'éclairait d'en bas, pâle comme la nuit, quand la rampe baissée la laissait éclairée d'en haut sous les rayons du lustre et la montraient plus naturelle, brillant dans l'ombre de sa seule beauté, comme les Heures divines qui se découpent, avec une étoile au front, sur les fonds bruns des fresques d'Herculanum [1] ! »

Le lecteur va croire que nous faisons du roman dans cette biographie. Qu'il se détrompe.

C'est bien le portrait de Gérard de Nerval que nous traçons. Nous n'ajoutons rien à la peinture de cette âme tendre, timide, mélancolique et rêveuse. Impossible d'écrire sa vie sans toucher à un amour qui la traverse d'un bout à l'autre, et que la mort elle-même n'a pu chasser de son cœur.

Mais pourquoi, nous dira-t-on, ne par-

[1] Les *Filles du Feu*, page 128.

lait-il pas à Adrienne? Une actrice est toujours abordable.

Oui, sans doute, et c'est là précisément le secret des poëtes. La réalité les épouvante; ils ne vont à elle qu'avec effroi. Sans cesse ils cherchent un prétexte pour rester dans le domaine de l'illusion, et cela par instinct, sans se rendre compte de leurs actes, avec la naïveté la plus candide, tout en se croyant très-malheureux des obstacles chimériques qu'ils dressent eux-mêmes devant leurs amours.

Gérard pensait que l'unique moyen de se rapprocher d'Adrienne était de faire un opéra-comique et de lui offrir un rôle.

Par malheur, au moment où il croyait Meyerbeer très-occupé de la musique, l'illustre compositeur renvoya le libretto à

Dumas, avec lequel il venait de se brouiller à l'occasion des *Frères-corses*.

Désespéré du contre-temps, l'amoureux de la diva écrivit une longue lettre pleine de passion, l'enferma dans un bouquet acheté au Palais-Royal, chez madame Prevost, fit remettre ce bouquet à Adrienne par un garçon de théâtre, et prit une chaise de poste, dont l'attelage courut bientôt ventre à terre du côté de Naples.

Ceci, va-t-on nous dire encore, est de la folie pure.

De la folie! ingrats lecteurs que vous êtes!

Mais à quoi devez-vous donc, si ce n'est à cette originalité même du poëte, les adorables récits dont il vous a donné la primeur dans la *Revue des Deux-Mondes?*

Sur nos pages restreintes, dans notre cadre étroit, nous n'employons pas nécessairement les délicates nuances avec lesquelles il peint ses sensations; mais vous avez ainsi que nous lu ses livres, mais vous avez pleuré ces douces larmes qu'il est impossible de ne pas laisser tomber une à une sur les pages de son histoire.

Trouvez-vous rien de plus merveilleux comme sentiment, rien de plus fin comme pensée, rien de plus chaste comme style?

Gérard de Nerval dicte, et la vierge des saintes amours tient la plume.

Si notre héros, comme beaucoup d'entre vous en pareille ocurrence, eût abordé sa maîtresse à la hussarde, aurait-il eu les mêmes inspirations suaves? Auriez-vous parcouru ses œuvres avec le même repos des sens, avec le même calme délicieux du cœur?

— Nous le répétons, vous êtes des ingrats!

De tout ce tohu-bohu littéraire qui encombre depuis vingt-cinq ans nos cabinets de lecture, il ne restera plus rien à la fin du siècle (retenez-le, nous serons encore là peut-être pour le voir), si ce n'est les romans expurgés de Balzac, deux ou trois volumes de madame Sand et les livres de Gérard de Nerval.

Ces livres, il faut en convenir, pèchent du côté de l'invention; mais ils sont écrits avec ce goût parfait, cette économie charmante de la phrase et cette merveilleuse sculpture de la pensée qui sont le cachet des œuvres destinées à l'avenir.

Si nos cuisiniers de lettres ne nous

avaient pas habitués à leurs ragoûts monstrueux, s'ils n'avaient pas empoisonné le bon sens public, si leur poivre long n'achevait pas de vous gâter le palais chaque jour, si les journaux se décidaient enfin à jeter par la fenêtre les mets détestables qu'on sert sur leur nappe, nous verrions se réaliser bientôt ce mot de l'Évangile : *Et fiunt novissimi primi, et primi novissimi.*

Les derniers deviendraient les premiers, et les premiers passeraient au dernier rang.

Comme romancier fin, délicat, pittoresque, comme écrivain de goût et de style, Gérard de Nerval est au-dessus des Dumas et des Eugène Sue.

A l'exemple de beaucoup d'autres hommes de lettres de l'époque, il n'a pas voulu monter sur cette locomotive ardente chauffée par les faiseurs. Il a résisté au torrent. Disciple du premier culte, on l'a vu demeurer fidèle à la religion de l'art.

Nous ne l'avons pas imité, pourquoi?

Ce serait trop long et trop cruel à dire. Que la postérité le récompense et qu'elle nous pardonne !

Gérard de Nerval avait repris le manuscrit de la *Reine de Saba* des mains d'Alexandre Dumas. Il en fit par la suite un de ses plus jolis contes des *Nuits du Rhamazan*, pour ne rien perdre de son travail [1].

Échapper par la fuite à une préoccupation pénible, se sauver en poste loin d'un

---

[1] Les *Nuits du Rhamazan* furent publiées dans le *National* en 1849.

amour malheureux, voilà certes un excellent moyen de se guérir le cœur.

Toutefois il ne réussit pas à Gérard de Nerval.

S'arrêtant à Marseille et se baignant au Château-Vert, il fit entre deux eaux la rencontre d'une jeune Anglaise qui nageait comme une sirène. Il se hâta de plonger pour ne plus voir cette apparition gracieuse ; mais elle le rejoignit sous la vague, et, quand ils reparurent à la surface, elle lui offrit un poisson qu'elle venait de prendre.

Gérard voulait rester fidèle à ses souvenirs.

Il remercia froidement la sirène, secoua sa tête ruisselante et fila sur l'eau verte comme un triton dédaigneux.

Sachant qu'elle devait prendre la route de mer, il passa par Nice et Florence pour ne plus la revoir.

Mais on se rencontre inévitablement en Italie quand on voyage pour son plaisir. Tous les étrangers font les mêmes excursions, hantent les mêmes lieux, logent dans les mêmes hôtels. Gérard de Nerval revit trois fois la charmante Anglaise, dont le père était un vieux baronnet cousu de guinées.

Sans l'amour d'Adrienne, notre poëte serait aujourd'hui membre de la chambre des communes et riche à millions.

De Gênes et de Civita Vecchia il avait écrit deux lettres brûlantes à son actrice.

Arrivé à Naples, il s'aperçut que presque tout son argent était dépensé; à peine s'il lui restait de quoi prendre les quatrièmes places sur le bateau à vapeur.

Il revint en France chercher une réponse à ses lettres.

Nous ne pouvons plus, sans franchir les dernières limites de la discrétion et sans lever tous les masques, rendre compte des incidents qui suivent.

L'amant d'Adrienne fut-il heureux ? c'est un secret enfoui dans son cœur.

De retour à Paris il accepta la rédaction d'un feuilleton de théâtre. Il pouvait ainsi perpétuellement chanter les louanges de la bien-aimée.

Ce feuilleton était celui de la *Presse*[1].

Gérard alternait avec Théophile Gau-

---

[1] Il rédigea par la suite les articles théâtre dans la *Charte de 1830* et dans le *Messager*.

tier, son ancien collaborateur au *Mercure*, devenu son ami intime.

Ceux qui ont connu notre héros à cette époque racontent des histoires fantasques et singulières. En deux ou trois ans son patrimoine fut dissipé, non comme le dissipent ordinairement les fils de famille, en orgies et en débauche, mais en acquisitions d'objets d'art, en tableaux, en vieilles porcelaines, en toutes sortes de curiosités que les marchands de bric-à-brac lui vendaient au poids de l'or.

Dans un article de Jules Janin, consacré au jeune auteur de la traduction de *Faust*, nous trouvons ce passage :

« Il vivait au jour le jour, acceptant avec reconnaissance chacune des belles heures de la jeunesse tombées du sein de

Dieu. Il avait été riche un instant ; mais par goût, par passion, par instinct, il n'avait pas cessé de mener la vie des plus pauvres diables. Seulement il avait obéi plus que jamais au caprice, à la fantaisie, à ce merveilleux vagabondage dont ceux qui l'ignorent disent tant de mal. Au lieu d'acheter avec son argent de la terre, une maison, un impôt à payer, des droits et des devoirs, des soucis, des peines et l'estime de ses voisins les électeurs [1], il avait acheté des morceaux de toiles peintes, des fragments de bois vermoulu, toutes sortes de souvenirs des temps passés, un grand lit de chêne sculpté du haut en bas ; mais le lit acheté et payé, il n'avait plus eu assez d'argent pour acheter de quoi le garnir,

[1] Gérard de Nerval a été électeur de 1830 à 1834.

et il s'était couché, non pas dans son lit, mais à côté de son lit, sur un matelas d'emprunt. Après quoi toute sa fortune s'en était allée pièce à pièce, comme s'en allait son esprit, causerie par causerie, bons mots par bons mots; mais une causerie innocente, mais des bons mots sans malice et qui ne blessaient personne. Il se réveillait en causant le matin, comme l'oiseau se réveille en chantant, et en voilà pour jusqu'au soir. Chante donc, pauvre oiseau sur la branche, chante et ne songe pas à l'hiver ! laisse les soucis de l'hiver à la fourmi qui rampe à tes pieds. »

Au milieu de son papillotage habituel, Jules Janin donne ici quelques détails véridiques; mais il n'est pas exactement renseigné sur beaucoup de choses.

Le lit en bois de chêne, par exemple, est à lui seul toute une histoire pleine de poésie et d'amour, que nous ne voulons pas raconter en entier : nous la laisserons seulement pressentir.

C'était le lit où Marguerite de Valois couchait, en 1519, au château de Tours.

Gérard l'acheta huit mille francs.

Lorsqu'on essaya de l'installer chez lui, jamais on ne put y parvenir. Il fallut élargir les issues avec le marteau du démolisseur, absolument comme on faisait pour le carrosse de Louis XIV, quand les portes des villes étaient trop étroites.

En disant que notre poëte n'avait pas de quoi garnir cette couche royale, le feuilletoniste des *Débats* est dans l'erreur. Gérard dormait à côté du meuble somptueux, par un sentiment de respect auquel venait se joindre une douce superstition d'amour.

Il croyait que les descendants des rois seuls pouvaient coucher dans le lit de leurs ancêtres ou y recevoir quelqu'un.

Pour ce qui est de l'existence de pauvre diable que Jules Janin lui attribue, même aux jours de sa splendeur, Gérard de Nerval ne la connaissait point alors et ne l'a jamais expérimentée depuis, dans le sens qu'on attache ordinairement à ce mot. Il a pu mener la vie de bohème, sans doute; mais celle-ci n'a pas le moindre rapport avec la vie de pauvre diable, M. Janin doit le savoir.

Notre modeste poëte ne voulait pas humilier ses amis par son *luxe*.

Théophile Gautier, Arsène Houssaye,

Ourliac et Alphonse Karr ont pu vous le dire.

Toute cette bande illustre habitait, rue du Doyenné [1], une vieille maison deux fois séculaire. Il y avait là, outre Gérard et ceux que nous venons de nommer, des musiciens, des peintres [2], des artistes de tout genre. C'était un véritable Pandémonium, un cercle à la Callot, une assemblée tapageuse, grotesque, indescriptible, au milieu de laquelle le propriétaire n'osait plus s'aventurer sa quittance à la main.

Le jour où pour la première fois il eut cette indélicatesse, on lui montra les panneaux de boiserie de la chambre principale, chargés de magnifiques peintures

[1] Au fond de la place du Carrousel, du côté du Louvre. Cette rue est entièrement démolie.
[2] Entre autres, Camille Rogier et Célestin Nanteuil.

fraîchement écloses sous le pinceau de ses locataires, et on lui cria :

— Regardez, malheureux ! vous nous redevez de l'argent !

— C'est juste, dit le brave homme.

Et jamais on ne le vit reparaître.

Pendant que les peintres s'escrimaient de la palette et les musiciens du piano, Gérard de Nerval, Théophile, Arsène Houssaye, Karr et les autres composaient pour le *Vert-Vert* mille articles petillants d'esprit et de verve.

Quant à ce joyeux *Figaro*, mort depuis sous les ciseaux de la censure, et qui ne ressuscitera plus, quoi qu'on fasse et quoi qu'on dise, il se dirigea, dès le premier jour de sa naissance, vers la rue du

Doyenné, sûr de trouver là des barbiers de sa force armés de fins rasoirs.

Aujourd'hui ce beau temps n'est plus. Nous savons qui le regrette.

Il y a quinze mois, lors des démolitions de la place du Carrousel, on vit un homme inquiet rôder autour des débris de portes, de cloisons, de chambranles. Cet homme soulevait les poutres et regardait çà et là sous les monceaux d'objets entassés, interrogeant ce chaos qui fut longtemps sans lui répondre.

Enfin il poussa un cri d'ivresse, courut à l'entrepreneur des démolitions et l'amena près de cinq ou six panneaux écorchés et vermoulus.

— Combien vendez-vous cela? demanda-t-il?

— Hum! fit l'entrepreneur, vous voyez?... il y a là-dessus des peintures.

— Parbleu ! je ne vous achète pas du bois à brûler.

— Des peintures de maîtres, monsieur !

— Oh ! de maîtres !... Enfin n'importe, je vous demande le prix.

— Cinq cents francs.

— Attendez-moi ; je suis à vous dans une demi-heure.

Et Gérard, — on a deviné que c'était lui, — traversa le pont des Saints-Pères, gagna le n° 20 de la rue Saint-Benoît, monta au bureau de la *Revue des Deux-Mondes*, toucha l'argent de trois articles, et revint aux démolitions payer et prendre les bienheureux panneaux qui lui rappelaient tant de chers souvenirs.

Chaque boiserie valait bien deux francs cinquante centimes l'une dans l'autre [1].

A force de couver avec Alexandre Dumas des plans d'opéra-comique, Gérard de Nerval aida son collaborateur à mettre sur pied *Piquillo*. Monpou composa la musique.

---

[1] Le plus curieux, c'est que la multitude d'objets d'art achetés par lui à diverses époques n'a jamais reçu le moindre classement. Gérard entasse le tout pêle-mêle au fond de mansardes louées dans des quartiers souvent éloignés l'un de l'autre. Il a eu jusqu'à trois de ces mansardes pleines, et, à la même époque, on ne lui connaissait point de domicile. L'imprévu est son élément. Il mange où il peut, il dort où il se trouve; il travaille partout, dans les rues, sur les trottoirs, ne regardant personne, isolé dans les plus grandes foules, traçant une phrase au crayon, puis en traçant une autre, et arrivant ainsi, coudoyé par les passants, jusqu'à la fin d'un livre.

La pièce eut un grand succès, Dumas signa le libretto tout seul.

On sait depuis longtemps que le grand homme est coutumier du fait.

Gérard était trop heureux pour s'inquiéter beaucoup de l'absence de son nom sur l'affiche. Tous les soirs il entendait applaudir sa belle diva. Auteur anonyme, rien ne l'empêchait de rester dans la salle et de joindre ses bravos à ceux du public.

Il vit donc sans trop de regret ce premier envahissement de la collaboration Dumas.

Toutefois, une autre pièce, *Leo Burkart*, faite dans les mêmes conditions que *Piquillo*, ayant été représentée l'année suivante, Gérard ne se gêna pas pour dire:

— A mon tour de signer seul.

Et Dumas fut contraint de déroger à ses nobles habitudes.

Qu'en dites-vous, messieurs? On comprenait ici la dignité de l'écrivain. Pourquoi n'avez-vous pas suivi l'exemple de Gérard de Nerval? Le droit et la justice sont pour tous. Rien ne vous obligeait à vous mettre à genoux devant l'ogre et à lui donner à dévorer vos enfants.

Nous arrivons à une époque fatale, où le deuil étendit son voile sombre entre le poëte et **son amour**.

Adrienne mourut presque subitement au milieu de ses triomphes, dans tout l'éclat de sa beauté.

Nous ne parlerons pas de la douleur de Gérard de Nerval. Il y a de ces coups du sort contre lesquels le courage humain ne résiste pas ; il est de ces plaies vives et toujours saignantes qu'aucune onction n'adoucit, qu'aucun baume ne peut guérir.

Le séjour de Paris, à dater de cette époque, devient insupportable à notre héros. Il ne peut plus rester en place. Pour chasser une pensée toujours fixe, toujours désolante, il a besoin d'une locomotion perpétuelle.

On voit le démon des voyages l'emporter sur son aile rapide.

Il court de l'est à l'ouest et du sud au nord, allant de Rome à Venise, de Vienne à Berlin, de Constantinople au Caire ; aujourd'hui en Europe, demain en Afrique ou en Asie.

Sa bourse est vide, peu lui importe : il

se confie, comme l'oiseau voyageur, au vent de la Providence.

— Et, en somme, dit-il lui-même à qui veut l'entendre, j'ai toujours trouvé la Providence au bout du chemin.

Un soir, à Vienne [1], il la trouva sous les traits d'Alexandre Weill.

Notre héros cheminait tristement, n'ayant plus un kreutzer en poche. Son gîte et son souper devenaient un problème difficile à résoudre.

Tout à coup on lui frappe sur l'épaule. Il se retourne.

---

[1] De 1839 à 1840, Gérard de Nerval était en Autriche. Les médecins lui avaient dit : « Tâchez d'aimer le plus de femmes possible : il n'y a que ce moyen de vous guérir. » Gérard obéissait, uniquement par déférence aux prescriptions de la Faculté. (Voir les *Amours de Vienne*, en tête du *Voyage en Orient*, t. I, p. 29, édition Charpentier.)

— Quoi ! c'est vous ! s'écrie-t-il étonné.

— Moi-même. Que faites-vous ici, cher maître ? dit Alexandre Weill, lui pressant les mains avec effusion.

— Vous voyez, je me promène.

— Êtes-vous retenu à souper quelque part ?

— Non... je ne crois pas, balbutia Gérard.

— En ce cas, nous soupons ensemble ; je suis à Vienne chez des amis intimes. J'ai même une chambre à vous offrir.

— Vraiment ?

— Parbleu !... je vous déclare mon hôte. Allons, votre bras, je ne vous quitte plus.

Alexandre Weill habitait Paris depuis sept ou huit ans. Une circonstance imprévue l'appelait en Allemagne[1]. Devinant la détresse pécuniaire de Gérard, il lui fit commander vingt articles par les gazettes de Vienne. Bientôt le poëte roula sur l'or.

— Et l'on ose prétendre que le ciel ne s'occupe pas de nous ! pensa Gérard.

Il étudia les mœurs allemandes avec cette finesse d'observation qui le distingue, et réussit à prendre, si nous pouvons nous exprimer de la sorte, le caractère national sur le fait, pour le reproduire dans toute son originalité franche, sa verve calme, sa gaieté sérieuse. L'*Artiste*, qui venait d'entrer sous la sage et littéraire direction de M. Arsène Houssaye, écrivit au voyageur de lui envoyer quelques-unes de ses pages

[1] Alexandre Weill est Français. Dans la première édition nous avons eu tort de le faire Autrichien.

charmantes, écrites sur les bords du Danube, au fond d'un bosquet du Prater, ou sous les grands ombrages du parc de Schœnbrunn. Depuis lors, Gérard fut un des collaborateurs les plus assidus de ce journal.

Il suivait assez régulièrement, dans le cours de son voyage, l'ordonnance bizarre des médecins de Paris; mais l'âme ne se guérit jamais par un remède brutal et sensuel.

Gérard quitta l'Allemagne, revint en France et alla pleurer ses *Amours de Vienne* sur une tombe du cimetière de Montmartre.

Après avoir travaillé quelques mois à la *Presse*, il gagna de nouveau la frontière, et parcourut, le bâton de touriste à la main, l'Alsace, les Flandres et la Hollande. Cinq ou six journaux avaient passé des traités avec lui pour ses impressions de voyage, et il avait pris l'engagement de les leur envoyer par lettres.

Il était parti en même temps que son collaborateur Dumas, qui écrivait aussi ses *Impressions*, mais dans un autre style et avec une plume de commis voyageur.

Gérard de Nerval passa par Strasbourg, son compagnon se dirigea vers la Belgique ; ils convinrent de se retrouver à Francfort.

Les tribulations pécuniaires de notre héros dans ce voyage sont curieuses.

« Comme la tournée de Dumas, dit-il, était plus longue que la mienne, vu qu'on lui faisait fête partout, que les *rois le voulaient voir*, et qu'on avait besoin de sa présence au *Jubilé de Malines*, qui se célébrait à cette époque, je crus prudent d'attendre à Bade que les journaux vinssent m'avertir de son arrivée à Francfort. Une lettre chargée devait nous parvenir à tous deux dans cette dernière ville. Je lui écrivis de m'en envoyer ma part à Bade, où je me décidais à rester[1]. »

Or écoutez maintenant ce qui advint.

L'auteur de la traduction de *Faust* commençait à loger le diable au fond de sa bourse. Il avait largement expérimenté à Strasbourg la cuisine de l'hôtel du Corbeau, il savourait encore mieux, à Bade, les délices gastronomiques de l'hôtel du Soleil, comptant sur les fonds promis pour solder la carte.

[1] LORELY, *Souvenirs d'Allemagne*, page 17. (Giraud, éditeur.)

Il commençait à perdre patience, quand enfin son collaborateur lui expédia une lettre de change, tirée par un M. Éloi fils, négociant à Francfort, sur un M. Elgé, négociant à Strasbourg.

« Il me restait tout au plus, continue Gérard, la valeur d'un écu de six livres d'autrefois. La lettre de change arrivait bien. Mais vous allez voir, c'était un autre billet de la Châtre.

« Bade est à quinze lieues de Strasbourg; la voiture coûte cinq francs.

« Je laisse mon bagage à Bade, où il me fallait repasser; je prends la voiture, j'arrive à Strasbourg et je descends à l'hôtel du Corbeau. Je cours de là chez M. Elgé. Il déploie proprement le billet Éloi, l'examine avec tranquillité et me dit :

« — Monsieur, avant de payer le billet Éloi fils, vous trouverez bon que je consulte M. Éloi père.

« — Avec plaisir, monsieur.

« — Monsieur, à tantôt. »

« Je me promène impatiemment dans la bonne ville de Strasbourg; puis, je retourne chez M. Elgé, songeant qu'il est l'heure de dîner, si je veux entendre la belle madame Janick, dans *Anna Bolena* (la troupe allemande jouait à Strasbourg).

« C'est alors que M. Elgé prononça ces mots mémorables derrière un grillage :

« — Monsieur, M. Éloi père vient de me dire..... que M. Éloi fils était un *polisson*.

« — Pardon ! cette opinion m'est indifférente ; mais payez-vous le billet ?

« — D'après cela, monsieur, nullement. Je suis fâché.

« Vous avez bien compris déjà qu'il s'agissait de dîner à l'hôtel du Corbeau et de retourner coucher à Bade à l'hôtel du Soleil, où était mon bagage, le tout avec environ *un franc*, monnaie de France.

« Mais, avant tout, je devais écrire à mon correspondant de Francfort qu'il n'avait pas pris un *moyen assez sûr* pour m'envoyer de l'argent.

« Demandant une feuille de papier à lettres, j'écrivis l'épître suivante :

A M. ALEXANDRE DUMAS, A FRANCFORT.

En partant de Baden, j'avais d'abord songé
Que par monsieur Éloi, que par monsieur Elgé,
Je pourrais, attendant des fortunes meilleures,

Aller prendre ma place au bateau de six heures [1] ;
Ce qui m'avait conduit, plein d'un espoir si beau,
De l'hôtel du Soleil à l'hôtel du Corbeau.
Mais à Strasbourg le sort ne me fut point prospère;
Éloi fils avait trop compté sur Éloi père...
Et je repars, pleurant mon destin nonpareil,
De l'hôtel du Corbeau pour l'hôtel du Soleil !

« Après avoir écrit ce billet, versifié dans le goût Louis XIII, et qui fait preuve, je crois, de quelque philosophie, je pris un simple potage à l'hôtel du *Corbeau*, et je repartis bravement pour Baden aux rayons du soleil couchant [2]. »

Voilà donc notre héros obligé de voyager toute la nuit sur une de ces routes sinistres qui mènent à la forêt Noire.

Au pont de Kehl, on lui change sa

[1] Le bateau à vapeur du Rhin.
[2] *Souvenirs d'Allemagne*, pages 19, 20 et 21.

monnaie de billon française contre des kreutzers.

La nuit tombe. Il distingue aux dernières lueurs du crépuscule un grand individu, chargé d'un havre-sac, qui s'approche, règle son pas sur le sien, et lui demande où il va.

Gérard frissonne.

Son extérieur ne manque pas d'une certaine élégance : on peut le prendre pour quelque châtelain du voisinage qui s'est attardé en herborisant dans les bois. Il se hâte d'ôter à son compagnon nocturne toute idée de portefeuille garni ou de bourse pleine.

— Je suis artiste, lui dit-il, et je voyage pour mon instruction.

— Moi, je suis ouvrier graveur.

— Ah ! très-bien ! dit Gérard un peu rassuré. Connaissez-vous un cabaret où l'on puisse souper pour vingt kreutzers [1] ? Voilà tout ce qui me reste en poche, et je meurs de faim. Je n'aurai jamais la force d'aller jusqu'à Baden ce soir.

— Pourquoi iriez-vous jusqu'à Baden ? Soupons ensemble à Schœndorf, nous y serons dans deux heures d'ici.

— Mais je n'ai que vingt kreutzers.

— C'est plus qu'il ne faut pour souper, coucher et déjeuner demain matin dans l'auberge où je vais vous conduire.

— O Providence !, pensa Gérard, c'est encore toi que je retrouve. Sois bénie ! et au diable mon ami Dumas avec ses lettres de change !...

[1] Quinze sous.

Il rentra le lendemain à l'hôtel du Soleil, où il était assez connu pour qu'on lui permît d'y attendre un papier de commerce plus sûr que le papier de M. Éloi fils.

Du reste, cet épisode lui apprit qu'on pouvait voyager en Allemagne avec les ouvriers et les étudiants sans dépenser plus de vingt sous par jour. Il se donna le plaisir de traverser de la sorte toute la forêt Noire avec de joyeux compagnons et sans épuiser sa bourse; puis il gagna la Hollande par Stuttgard, Fulde, Cassel et le Hanovre.

Mais, soit que l'écrivain se fût trop exposé à la fatigue, soit qu'il lui eût été impossible de triompher de la persistance de ses souvenirs, il tomba malade, et l'état où on le vit à son retour donna de sérieuses inquiétudes à ses amis.

Le matérialisme du siècle, qui, trop souvent, a l'audace de s'appuyer sur la science, avait jeté dans une fausse route cette âme délicate et mystique.

Il y eut chez elle une brusque réaction, une révolte absolue contre les grossiers instincts. Honteuse d'avoir effleuré de sa robe le bourbier terrestre, elle s'envola du côté des nuages et ne voulut plus en descendre.

On a dit que c'était de la folie. Nous ne l'avons jamais cru.

Gérard profita d'un retour de santé et de fortune [1] pour fuir le plus loin possible,

[1] Il raconte lui-même que dans les débris de son opulence se trouvait une somme très-forte en titres

en Orient, afin d'échapper aux entreprises curatives des médecins, ce qui prouve beaucoup plus de raison et de sagesse qu'on ne se plaisait à lui en accorder.

Nous voudrions le suivre dans ses aventures merveilleuses, malheureusement nous pouvons à peine en donner quelques analyses succinctes.

Le *Voyage en Orient* est un des plus beaux livres de la littérature moderne.

Une vérité de récit sans exagération, sans emphase; une peinture à la fois naïve, colorée, saisissante; un charme de détails toujours nouveau; une poésie douce et soutenue; de gracieuses descriptions

---

étrangers. Ces fonds devaient être reconnus à la suite d'un changement de ministère. On les cotait déjà très-haut à la Bourse. Gérard les vendit et redevint presque riche. (*Filles du Feu*, page 134.)

mesurées avec l'économie la plus sage ; toute une histoire, en un mot, dite avec candeur à l'ombre des palmiers, au rayonnement de ce magnifique soleil qui dore le berceau du monde : voilà l'œuvre de Gérard de Nerval.

Chacun peut la lire.

Le poëte traversa de nouveau l'Autriche, s'embarqua sur l'Adriatique, visita les Cyclades, parcourut la Grèce et fit voile du côté du Delta.

Sans autre notion de l'égyptien que le mot *tayeb*, qui ressemble au *goddam* de Figaro et constitue, à ce qu'il paraît, le fond de la langue, Gérard s'installe au Caire.

Il loue une maison pour être plus à l'aise ; mais le propriétaire veut l'en expulser presque aussitôt.

— Pourquoi? lui fait demander Gérard par son interprète.

— Parce que vous n'êtes pas marié, répond le Turc, et que les voisins seraient inquiets.

— Bon! ce n'est que cela? dit Gérard. Je vais me marier, si bon vous semble; cela m'est parfaitement égal.

— Mariez-vous, dit le Turc.

Notre héros se met à courir les rues, comme autrefois Diogène, mais sans lanterne : il ne cherchait qu'une femme.

En Orient c'est peu de chose.

On lui en montre de toutes les nations et de toutes les couleurs. Il apprend qu'elles ont été mariées plusieurs fois, cela ne peut lui convenir. Poursuivant ses recherches, il entre dans un café du Mousky et voit danser, au son primitif de la flûte et du tambourin, trois superbes almées, coiffées de la calotte d'or, et dont les hanches frémissent sous la mousseline.

« Il y en avait deux à la mine fière, aux yeux arabes avivés par le *cohel*, aux joues pleines et délicates légèrement fardées; mais la troisième avait une barbe de huit jours. »

Il comprit qu'il avait affaire à des almées... mâles.

— O vie orientale! s'écria Gérard, voilà de tes surprises! Et j'allais m'enflammer imprudemment pour ces êtres douteux!

Voulant s'épargner à l'avenir de semblables déconvenues, et fatigué, d'ailleurs, de voir tous les enfants du Caire le suivre, en se moquant de son paletot-sac et de son chapeau rond, il se fit raser la tête et tailler la barbe à la dernière mode de Stamboul. On lui vendit une vaste culotte de coton bleu, un gilet rouge brodé d'argent ; il se coiffa du *takiès* et se dirigea vers le marché aux esclaves, où, cédant aux exigences de son propriétaire, il acheta une femme jaune pour la simple bagatelle de six cents francs.

Il faut lire le *Voyage en Orient* tout entier, si l'on veut connaître les nombreuses infortunes que causa cette emplette au malheureux écrivain dont nous traçons la biographie.

D'abord il lui était impossible de prononcer le nom de sa femme jaune sans éternuer trois fois.

Puis il s'aperçut qu'on avait *fait une coupe* dans les cheveux de l'esclave, que son menton était tatoué en fer de lance et que des trous avaient été pratiqués dans la narine gauche pour y passer des anneaux. Il lui offrit une chaise, elle ne voulut pas s'asseoir; il lui présenta des aliments, elle secoua la tête en signe de refus.

— Peste soit, dit Gérard, du marchand qui m'a vendu cet oiseau doré, sans me dire ce qu'il faut lui donner pour nourriture!

Enfin il apprivoise un peu sa femme jaune.

Le *tayeb* ne suffisant pas aux explications, il lui signifie par interprète qu'elle doit apprendre à travailler et à coudre.

— *Mafisch!* répond-elle.

Mot turc qui renferme toutes les négations possibles.

Gérard veut lui rendre sa liberté, elle refuse, et demande à être reconduite au bazar.

— Mais, ma chère, un Européen ne vend pas une femme ; recevoir un tel argent ce serait honteux.

— *Mafisch! Mafisch!*

Elle pleure et ne veut rien entendre.

Gérard, partant du Caire, est obligé d'emmener sa capricieuse propriété. Il s'embarque avec elle pour l'Asie Mineure, et, sur le navire, des matelots turcs veulent le tuer, sous prétexte qu'un infidèle n'a pas le droit d'asservir une *croyante*.

La femme jaune était musulmane.

Notre pauvre poëte séchait d'ennuis

Son visage prenait la couleur de celui de son esclave.

Il se hâta de la laisser dans un couvent de Beyrouth, dont la supérieure se chargea de convertir au christianisme cette fille de Mahomet. Gérard donna de bon cœur six autres cents francs et fut débarrassé de sa femme jaune.

Il regagna Paris au commencement de l'année 1844.

Théophile Gautier partait pour l'Espagne : Gérard de Nerval fut chargé, pendant huit mois, de l'intérim au feuilleton de la *Presse*.

On signait alors, ce qui n'avait jamais eu lieu précédemment.

Beaucoup de lecteurs purent reconnaître

la plume élégante qui avait gardé l'anonyme à la naissance du journal.

Notre héros ne songeait pas à publier ses voyages, convaincu que tout avait été dit sur l'Orient. S'apercevant toutefois de l'intérêt que bon nombre d'amis prenaient à ses narrations, il essaya de raconter dans les colonnes de l'*Artiste* son *Voyage en Grèce*, et la *Revue des Deux-Mondes* voulut publier presque aussitôt le *Voyage en Orient*.

Il parut en 1845.

Gérard savait que le bruit de sa prétendue folie s'était accrédité.

Dans une série de nouvelles très-curieuses, dont voici les titres : le *Roi de Bicêtre*, les *Confidences de Nicolas*, *Quintus Aucler*, l'*Abbé de Bucquoy*, *Cazotte* et

Cagliostro[1], il démontre que le mysticisme de certains hommes et leur tendance à percer une sorte de monde extérieur a le cachet de l'idée fixe peut-être, mais non celui de l'aliénation mentale [2].

C'était plaider victorieusement sa propre cause.

La folie déraisonne, c'est là son caractère exclusif; or Gérard de Nerval a toujours raisonné ses plus étranges exaltations.

---

[1] Toutes ces nouvelles sont publiées en volume à la librairie Victor Lecou, sous ce titre général, les *Illuminés*. Une d'entre elles, l'*Abbé de Bucquoy*, avait tout l'intérêt du roman sans s'écarter de l'histoire. Gérard y donnait un croc-en-jambe à la loi Tinguy, ou plutôt à l'amendement Riancey, le plus sot des amendements votés sous la seconde république.

[2] Nous avons entendu Gérard de Nerval répondre à une personne qui lui parlait de Jenny Colon : « Taisez-vous, elle est morte ; et je suis convaincu que les âmes des morts sont là autour de nous qui nous écoutent. »

Trois fois il a été victime de ce mal inexplicable, et trois fois il en a triomphé par la seule force de son énergie.

On n'a jamais vu le fil du souvenir se briser dans son cerveau.

Il vient d'écrire pour la *Revue de Paris* l'histoire complète de ses sensations pendant la période qui a suivi sa troisième attaque, et le rédacteur en chef [1] nous a dit à nous-même que cette œuvre était admirable de vérité, de logique et de style.

Bientôt le public en jugera.

Gérard de Nerval ne s'est jamais fourvoyé dans le guêpier des révolutions ; jamais en politique il n'a salué le drapeau d'aucun système. Il ressemble à tous les cœurs honnêtes, à tous les hommes d'un

[1] M. Louis Ulbach.

sens droit, que l'ambition n'aveugle pas : il est du parti de la France.

Une fois, une seule fois, on a pu le voir en colère, lui si doux et si placide ; ce fut le jour où M. Buloz, de la *Revue des Deux-Mondes*, prétendit que les *Illuminés* contenaient des germes de socialisme.

L'auteur, indigné, cria, tempêta, protesta contre les coupures.

On crut que l'agneau se métamorphoserait en lion.

Cependant, nous devons le dire, il y eut une époque où Gérard de Nerval se rapprocha quelque peu des Phalanstériens. Toutes les natures mystiques allaient volontiers de ce côté-là, ne s'apercevant pas d'abord que Fourier, ce Christ d'occasion, pillait les doctrines évangéliques et les rapétissait aux cases étroites de son cerveau de calculateur. Il essayait de chiffrer la morale et de tenir la société en partie double; mais il n'organisa jamais son grand-livre et en resta toujours au brouillard.

— A propos, dit notre poëte à Considérant, qu'il rencontra un soir sur le pont Neuf, nous donnerez-vous enfin le spécimen d'un phalanstère?

— Ce n'est pas chose facile, répondit l'apôtre fouriériste. Il faut renverser avant de construire.

— Pourquoi? Il serait tout simple de commencer un essai dans les environs, sous nos yeux : à Pantin, par exemple, ou à Fontenay-aux-Roses?

— Y songez-vous? près de Paris! dans

le voisinage de cette Babylone sur laquelle doit tomber la foudre !

— Diable ! Si vous triomphez, vous renverserez donc Paris ?

— Sur-le-champ, de fond en comble, répondit l'apôtre.

— Mais c'est abominable ! Et nos monuments, et cette magnifique histoire de granit laissée par les siècles ?

— Sottises que tout cela !

— Bien obligé, fit Gérard. Je ne demande pas un plus long éclaircissement. Renverser la première ville du monde et la plus riche en souvenirs ! Peste ! quelle réforme ! Je renonce à Fourier, à ses ruines et à ses démolitions... Serviteur, mon cher, serviteur !

Il ne voulut plus entendre parler des Phalanstériens.

Après la publication des *Illuminés*, il écrivit pour la *Revue des Deux-Mondes* de savantes études sur Henri Heine. Son désir le plus vif était de retourner en Orient ; il s'efforçait d'économiser la somme nécessaire à cette seconde excursion, mais sans pouvoir y parvenir [1].

Sa poche ressemble au tonneau des Danaïdes : on y verse sans cesse, jamais elle ne se remplit.

Donnez à Gérard un billet de mille francs, et faites-le passer devant la boutique d'un brocanteur, il y laissera jusqu'à son dernier centime.

[1] Les droits de la pièce des *Monténégrins*, répétée à l'Opéra-National, devaient être consacrés à ce voyage.

Il a toujours à acheter :

Un écran chinois pour Arsène Houssaye,

Un bahut pour Théophile Gautier,

Un vieux livre pour Janin,

Un tableau flamand pour Stadler.

Mais il ne songe en aucune sorte à acheter des vêtements pour son propre usage. Ses amis sont obligés de recourir à la violence quand il s'agit de lui faire endosser une redingote neuve.

Eugène de Stadler, inspecteur général des archives, a montré constamment à Gérard la tendresse d'un frère; il l'a soigné dans toutes ses maladies avec la persévérance la plus noble et le dévouement le plus amical. Il le regarde comme un enfant que le ciel confie à ses soins.

Quand Gérard a vidé sa bourse, il trouve ouverte celle de son cher archiviste.

Un jour, pensant qu'il avait besoin de distractions, Stadler le força d'accepter cent écus, pour aller assister à l'anniversaire de la naissance de Gœthe à Weimar.

La vieille cité allemande accueillit le traducteur de *Faust* avec tous les égards dus à son mérite, et le grand-duc héréditaire lui ouvrit à deux battants la porte de son palais[1].

[1] Peu de temps après être revenu de Weimar, Gérard de Nerval reçut du prince la lettre suivante. Nous la reproduisons textuellement, avec les tournures un peu germaniques du style.

« Du château du Belvédère, 30 octobre 1850.

« Agréez, je vous prie, tous mes remerciments. Si passionné comme je le suis pour la gloire littéraire de sa patrie, l'on désire qu'elle soit servie par la renom-

Notre héros ne renonce pas au second voyage en Orient, surtout aujourd'hui que la guerre donne à ces belles contrées un aspect plus curieux encore.

Méry, son ami intime et son cher collaborateur, avec lequel il a fait pour l'Odéon le *Chariot d'enfant*, et pour la Porte-Saint-Martin l'*Imagier de Harlem*, Méry doit aller visiter le Bosphore.

mée, rien ne saurait réjouir davantage que la preuve que cette gloire est reconnue et goûtée à l'étranger. Vous m'avez procuré cette joie, monsieur. Aussi ne saurais-je mieux y répondre que par la main même de Gœthe, dont je vous prie d'accepter l'autographe ci-joint en vous souvenant de Weimar et de celui qui reste à jamais votre très-dévoué,

« CHARLES ALEXANDRE,
« Grand-duc héréditaire de Saxe. »

L'autographe est un quatrain de Gœthe, écrit pour la princesse Marie de Prusse, à laquelle Gérard de Nerval avait été admis à rendre ses hommages.

Gérard de Nerval lui a donné rendez-vous à l'entrée des Dardanelles.

Il est moins riche que jamais. Qu'importe?

C'est le sublime et poétique Juif errant de la littérature contemporaine. Nous le verrons prendre le chemin de Constantinople avec cinq sous dans sa poche et beaucoup de confiance en Dieu.

FIN.

Où sont nos amoureuses ?
Elles sont au tombeau !
Elles sont plus heureuses
Dans un séjour plus beau...

Elles sont près des anges
Dans le fond du ciel bleu,
Et chantent les louanges
De la mère de Dieu.

O pâle fiancée,
O jeune vierge en fleur,
Amante délaissée
Que flétrit la douleur...

L'Éternité profonde
Souriait dans vos yeux :
Flambeaux éteints du monde,
Rallumez-vous aux cieux !

Gérard de Nerval